Saurat Avril 2014

Liebe Grüße
von Otto
aus Saurat für
Rosemarie

L'Ariège

Vérités et émotions

Dans la même collection

Le Lot, vu par René Gilabert et raconté par Jérôme Poitte
La Haute-Vienne, vue par René Gilabert et racontée par Laura Ciezar
La Charente, vue par René Gilabert et racontée par Jérôme Poitte
Le Morbihan, vu par Damien Blondeau et raconté par Laura Ciezar
La Haute-Loire, vue par René Gilabert et racontée par Jérôme Poitte
L'Aveyron, une harmonieuse diversité, vue par Christian Baptiste, René Gilabert et Jacky Jeandot et racontée par Jean-Michel Cosson
Le Tarn, promenade photographique de René Gilabert
Le Tarn-et-Garonne, vu par René et Romain Gilabert et raconté par Jérôme Poitte

Ouvrages de Michel Cosem

Romans pour la jeunesse

Les neiges rebelles de l'Artigou (La Farandole,1982. Milan 96)
La chevauchée de la délivrance (Milan,1986)
Les oiseaux du mont perdu (Milan,1992)
Le chemin du bout du monde (Milan, 1993)
Émilie et la Dordogne (Fanlac, 1997)
L'enfant de la légende, (Fanlac, 1999)
Chevaux du paradis, Éditions du Laquet, 1999)
La rose rouge du desert (Éditions du Laquet, 2000)
Malelouve des terres à brume (Sedrap, 2002)
Rendez-vous avec Mélusine (Tertium éditions, 2006)
Les doigts à l'encre violette (Éditions du seuil, 2006)
Le secret de la déesse Bastet (Belin, 2006)
Les traces sauvages de l'Estelas (Rouge safran, 2007)
Les chevaux du paradis (Tertium éditions, 2007)
L'or de pharaon (Belin, 2009)
Ami de la liberté (Sedrap, 2009)
L'île Pelican (Le Griffon Bleu, 2012)

Romans

Haute Serre (Robert Laffont, 1972)
La chasse Artus (Robert Laffont, 1974)
La dérive des continents (Encre, 1980) prix méridien/antigone 81
Les doubles territoires (Robert Laffont, 1981)
La colombe et l'épervier (Loubatières, 1991)
Marie Fenoul (Loubatières, 1996)
La nuit des naufrageurs (Éd. de Pierregord, 2008)
Justine et les loups (De Borée, 2008)
Peire Vidal, les vies multiples du troubadour (Éd de Pierregord, 2009)
Le bois des demoiselles (De Borée, 2010)
Le concerto de Tramontane (Souny, 2013)

Notre catalogue sur www.unautrereg-art.com

Photographie de couverture : Le massif du Couserans.

Direction éditoriale, maquette et mise en page : Jérôme Poitte

© Juin 2013. Éditions Un Autre Reg'Art - Albi. Tous droits réservés.
ISBN : 979-10-90894-08-2

Patrimoine & territoires

L'Ariège
Vérités et émotions

Texte de **Michel Cosem** et photographies de **Fabien Boutet**

Un Autre Reg'Art

Préface

Originaire du Tarn, devenu ariégeois par passion et depuis si longtemps, je ne pouvais qu'être séduit par cet ouvrage consacré au département de l'Ariège que la jeune maison d'édition albigeoise, « Un Autre Reg'Art, m'a proposé de préfacer.

J'ai retrouvé au fil des pages de ce beau livre qui laisse une large place aux images du photographe de Rieucros, Fabien Boutet, toute la richesse, la diversité et la splendeur du territoire et du patrimoine ariégeois. Cette terre d'Ariège que l'on porte sous ses semelles est ici servie par le texte précis et concis de Michel Cosem qui sait également nous transmettre son amour pour ce département ; j'ai retrouvé dans son jeu de piste qui invite le lecteur à poursuivre au-delà de ses lignes la découverte de notre territoire départemental, les vallées et les pays ariégeois que j'aime toujours parcourir, dès que l'occasion m'en est offerte.

Au fil des pages, Michel Cosem évoque aussi avec tendresse les femmes et les hommes de courage qui ont forgé ce territoire tout au long de son histoire, qui en ont été si souvent les ambassadeurs, partout dans le monde ; citons pêle mêle, Gabriel

Fauré, originaire de Pamiers, Jacques Fournier (célèbre en tant que Pape Benoit XII) et ses écrits ethniques, étonnant témoignage sur la vie au cours du XIIIe siècle, Pierre Bayle, Napoléon Peyrat et son histoire de l'inquisition... et tous les anonymes qui ont marqué les grandes périodes de l'histoire, jeunes paysans « rebelles » durant l'épisode de la guerre des Demoiselles » ou passeurs courageux qui ont contribué à sauver de nombreuses vies durant la Seconde Guerre mondiale...

Pour conclure, je dirais que cet ouvrage restitue fidèlement l'idée que l'on se fait de l'Ariège, sa nature préservée, ses paysages grandioses, sa forte identité culturelle... mais aussi son héritage historique omniprésent, des grottes préhistoriques aux châteaux cathares, en passant par ses nombreuses églises romanes, ses bastides ou villages médiévaux.

Ce livre va certainement contribuer au rayonnement de notre département...

Jean-Pierre Bel
Sénateur de l'Ariège
Président du Sénat.

Avant-propos

« *L'Ariège produit des hommes et du fer* » aurait dit Bonaparte qui ne pouvait voir plus loin que la porte de sa chapelle car il aurait pu ajouter : l'Ariège produit des savants, des poètes, des peintres, des conteurs, des musiciens, des bandits et des contrebandiers mais aussi de magnifiques paysages, des ambiances à nulle autre pareille mais encore aussi une humanité très contrastée depuis la paysannerie fortement accrochée à la terre des vallées, aux aventuriers revenus au pays après avoir découvert le monde, aux amoureux d'une terre encore préservée car difficilement modifiable, à ceux qui ont trouvé asile lorsque la vie était difficile dans leur pays. On a souvent évoqué l'idée que chaque vallée a pu être le refuge de populations d'origines différentes. On s'est étonné de constater autant de différences entre les femmes de la vallée de Bethmale et celles de Biros par exemple, distantes à peine de quelques kilomètres. Des fonds ethnologiques très variés donc depuis les Sarrasins aux Espagnols, mais aussi récemment renouvelés par des jeunes venus chercher ici le contact avec la nature, avec les éléments, quittant la vie des villes à la recherche de plus

Panorama sur les Pyrénées ariégeoises.

L'Ariège, vérités et émotions

Le dolmen de Sem dans le Vicdessos.

d'authenticité, apportant d'un même élan toute leur vitalité et leur créativité. Sous des aspects traditionnels le département est aussi un laboratoire d'idées que l'on ne peut mésestimer.

Pendant des millénaires les vallées pyrénéennes ont été des réservoirs de populations. Durant la Préhistoire d'abord qui a laissé tant de traces inoubliables en Ariège. Au Moyen Âge avec les abbayes fondées dans le piémont riche en belles terres et les seigneuries lorsqu'elles étaient implantées ont toujours respecté les lois locales car la vie loin de tout centre de pouvoir oblige à une sorte de démocratie directe. Cette autarcie permet de dire que chaque vallée était « une république pastorale » en pleine féodalité. Lorsqu'une frontière internationale est venue partager les Pyrénées, les liens économiques, pastoraux, voire familiaux ont perduré. Une règle voulait que l'on s'informe mutuellement de tout danger et par exemple de toute guerre et de tout rassemblement de soldats. Ceci s'explique aussi par l'éloignement des centres politiques, à l'origine souvent de décisions incompréhensibles pour les populations montagnardes et donc de rejet. De même les informateurs ou chargés de missions venus par exemple de Paris se trouvaient en présence d'un monde inconnu. Louis de Froidour, grand maître des Eaux et Forêts, envoyé par Colbert de 1666 à 1673 pour faire le relevé des richesses forestières voyait dans les Pyrénées « *le pays le plus sauvage qui soit au monde* », jugeant ses habitants comme étant « *les plus grossiers et les plus incapables de discipline* », ajoutant encore que les peuples pyrénéens étaient « *brutaux, perfides, cruels et nourris parmi les meurtres et les assassinats* ». Nul n'a noté comment les Pyrénéens, et les Ariégeois en particulier, ont considéré ce singulier personnage et tous ceux de son espèce. Cette incompréhension mutuelle a subsisté jusqu'à nos jours. Tout ce qui vient de l'extérieur doit être objet de méfiance.

C'est un peu tout cet héritage historique qui fait que l'on est encore ici dans l'un des plus authentiques départements de France. Ce sont les circonstances, les modes de vie et de pensée qui ont préservé sa singularité. La géographie aussi avec le rôle important des vallées, des axes de circulation imposés par les rivières et les torrents, mais aussi les

L'étang d'Appy, réputé poissonneux, sur le versant sud du massif de Tabe.

Le bourg de Massat, carrefour des superbes routes vers Foix, Tarascon ou Aulus...

barrières et les verrous. Né d'une façon artificielle à la Révolution, le département qui aurait pu être celui des Pyrénées centrales a été constitué de deux ensembles très différents : le comté de Foix qui a joué un grand rôle historique beaucoup plus tourné vers la Catalogne et le Languedoc d'une part et le Couserans, dernier versant gascon de la grande plaine aquitaine, naturellement allié au Comminges, longtemps géré par les évêques de Saint-Lizier, et dans l'orbite de Toulouse.

L'Ariège ne cesse d'attirer des touristes de qualité. La montagne et ses paysages favorisent d'autres valeurs que le sable et la mer. Les eaux thermales attirent aussi une clientèle intéressante. À cela se sont encore ajoutées la richesse des trésors préhistoriques puis l'épopée cathare qui longtemps oubliée, captive de plus en plus de monde, donne à réfléchir dans le cadre de lieux hors du commun comme Foix et Montségur.

La vie montagnarde tout au long du XIXe a été rude, mais cela n'a pas découragé les habitants. Si le canton de Castillon est passé de 15 883 habitants en 1881 pour plafonner à 2 865 un siècle plus tard, celui de Massat

La citadelle cathare de Montségur offre une vue majestueuse sur les Pyrénées ariégeoises.

passant de 14 501 à 1 714, les causes sont ailleurs. Les famines étaient fréquentes et les jeunes souvent allaient dans la plaine chercher du travail. Les métiers de colporteur, de travailleur saisonnier se sont très largement répandus. Mais c'est la maladie de la pomme de terre qui en 1853 a déclenché le dépeuplement, juste suivie l'année suivante par une épidémie de choléra. La fin de la métallurgie et la guerre de 1914-1918 ont achevé le processus. Dans toutes les hautes vallées, on est étonné par la densité des villages et le nombre de granges construites sur les hauteurs selon les sources et les pâturages où des familles entières allaient loger à la belle saison. La révolte paysanne dite « Guerre des Demoiselles » a été le dernier sursaut de ces populations sinistrées et a été en quelque sorte leur chant du cygne.

La scolarisation a accompagné, entre les deux guerres, beaucoup de départs vers des emplois dans l'administration, vidant ainsi les villages au profit des grandes villes de la plaine. Ce sont bien entendu les plus entreprenants et les plus aventureux qui sont partis.

Les portes de l'Ariège
La vallée de la Lèze

On va perpendiculairement vers les Pyrénées, brume bleue tout au fond d'une large vallée qui sépare le Volvestre, puis le Plantaurel, du Pays d'Olmes. Les riches prairies sont largement ouvertes, les labours généreux. C'est sans doute ce qui a très tôt attiré les moines. On a noté une abbaye fondée ici en l'an 620. D'autres se sont répandues un peu partout, modelant le paysage, faisant reculer les forêts. Les fermes isolées alternent avec de gros bourgs bien peuplés. Même si l'attraction de Toulouse y est maintenant très sensible, la vallée convient aux amoureux de la nature ici particulièrement riante et verdoyante.

Lézat, dont l'origine remonte à 842, a une église gothique au porche roman. C'est une petite ville semblable à bien d'autres dans la région. Le Fossat aussi.

L'église Saint-Jean-Baptiste de Lézat-sur-Lèze dont le clocher possède un carillon manuel de 16 cloches.

Maisons à colombages et couverts de Lézat-sur-Lèze.

Non loin du Fossat, on peut atteindre la bastide de Saint-Ybars sur le sommet d'une colline, dominant un pays bien désert. Une rangée de palmiers face aux Pyrénées apporte une petite note curieuse. Plus loin Saint-Martin-d'Oydes aux maisons serrées les unes contre les autres garde une église curieuse à l'intérieur de petites fortifications.

Après Le Fossat, le petit village d'Artigat où s'est déroulée la véritable histoire de Martin Guerre à l'origine du film (en 1981) avec Gérard Depardieu et Nathalie Baye où l'on voit un pauvre soldat revenir chez lui et trouver sa femme mariée à un autre qui avait réussi à se faire passer pour lui. Une sombre histoire d'héritage allait révéler la machination. Le faux Martin Guerre fut brûlé devant la maison qu'il avait habitée indûment pendant quelques années. Alexandre Dumas raconte cette histoire dans ses « *Crimes célèbres* ». Certaines scènes du film ont été tournées ici, les autres à Balagué en Couserans.

La bastide de Saint-Ybars.

On peut atteindre rapidement Foix en filant tout droit mais deux détours s'imposent : celui de Carla-Bayle (qui changea trois fois de nom en peu de temps : d'abord Carla-le-comte, ensuite Carla-le-peuple avant de choisir le nom de l'auteur du « *Dictionnaire historique et critique* » né dans le village). Gros bourg belvédère de la plus belle prestance

qui a adopté le nom du philosophe protestant du XVIIe siècle, né en 1647, pour qui la tolérance est source de paix et l'intolérance de « grabuge ». Cette phrase est justement rappelée sur une affiche dans la rue principale. Il a su allier à une grande érudition une haute liberté d'esprit. Il fut reconnu de son temps pour cela. Des artistes aujourd'hui ont investi ce lieu et ouvert leurs ateliers mais la plus belle œuvre d'art est la chaîne des Pyrénées que l'on découvre d'un seul coup d'œil du pic des Trois Seigneurs au pic du Midi. Cela mérite vraiment le détour.

Carla-Bayle est une ancienne capitale huguenote, haut lieu des guerres de religion et patrie du philosophe Pierre Bayle (1647-1706).

Sculpture sur bois d'Olivier Ledoux, artiste installé à Carla-Bayle.

Le Mas-d'Azil, village d'art et d'histoire, classé parmi les Grands Sites de la région Midi-Pyrénées.

Ensuite toujours sur la droite, il faut prendre la direction du Mas-d'Azil. On traverse le gros bourg de Sabarat, aux maisons serrées et sombres, à la promenade plantée de platanes le long de la rivière. Un point commun relie tous ces gros villages : on y respire l'odeur de la fumée de bois et cela crée une intimité avec la vie des gens et augmente aussi l'impression de solitude qui émerge le plus souvent. Ce bourg protestant se trouve au milieu de nombreuses pierres mégalithiques que l'imaginaire populaire a rattachées au mythe de Roland, lanceur de pierres. L'écrivain romantique, promoteur de l'intérêt pour les Albigeois et les Camisards, Napoléon Peyrat est né dans la région en 1809. Très tôt attiré par les lettres, il fut aussi pasteur protestant et écrivit également une *« Histoire des Albigeois : les Albigeois et l'Inquisition »*. Mort en 1881 son style lyrique a beaucoup influencé Michelet.

La commune de Sabarat s'étale au nord de la chaîne du Plantaurel. Le bourg se développe de part et d'autre de l'Arize.

On entre dans le Plantaurel, un pays d'arêtes vives, aux combes touffues, aux rochers désordonnés livrés à l'érosion, aux torrents se frayant d'impossibles passages. C'est ici que l'on a découvert pour la première fois des œufs de dinosaures, dont une « forêt » est annoncée par là. On veut bien le croire, on ne s'en étonnera pas.

Le Mas-d'Azil est le pôle d'activités de tout le Plantaurel. Au marché du mercredi sous les platanes, hippies jeunes et vieux viennent acheter et vendre des colliers et du miel. Ils ont le même regard désabusé. Les maisons du bourg quant à elles se serrent encore les unes contre les autres, comme si le réflexe était de se soutenir à tout prix. L'eau de l'Arize lèche la ville et semble satisfaite d'être sortie des gorges de l'enfer un peu plus haut. Elle coule vive et file vers la Garonne malgré de grands moulins qui l'assagissent pour mieux profiter d'elle.

L'église du Mas-d'Azil édifiée en 1673 sur les fondements de l'ancienne abbatiale.

La grotte du Mas-d'Azil est un site majeur mondialement connu des périodes préhistoriques magdaléniennes et aziliennes, classé Monument Historique et Grand Site de Midi-Pyrénées.

Ville protestante, le Mas-d'Azil fut assiégée par l'armée royale dirigée par le sieur de Thémines en 1625. La bataille fut rude. Deux mille coups de canons furent tirés par l'armée catholique et les assauts répétés ne servirent à rien. Cette résistance des protestants a été considérée comme une victoire.

Il faut aller un peu plus loin pour se laisser happer par l'immense grotte. On entre ébahi dans un long tunnel de 420 mètres, 50 mètres de largeur et 65 de haut. La noirceur intérieure contraste avec les teintes claires des falaises. On est brusquement enfermé dans un univers singulier tout entier occupé par le bruit de l'eau et par le silence total de la caverne. Quelques corneilles se chamaillent à l'entrée mais ne s'engouffrent pas beaucoup.

Saint-Martin d'Oydes, un des rares villages circulaires de France, est situé au creux des collines de la Basse Ariège.

De la Préhistoire aux guerres de Religion, la grotte a été un refuge. Plus de 2000 protestants s'y réfugièrent. Une salle est devenue « la salle du Temple » ! Mais c'est la vie préhistorique qui est ici marquante. On a retrouvé des crânes d'ours des cavernes, des galets colorés, toutes sortes d'outils que l'on peut voir dans un musée. On y a fait des découvertes de premier ordre et l'on a donné le nom d'« azilien » à une période de la Préhistoire.

La vie ne devait pas être toujours très gaie dans cette noirceur, mais l'on venait s'y reposer de la sauvagerie alentour et de la lumière qui aussi peut être très cruelle. En tout cas la singularité du lieu, l'atmosphère qui s'en dégage font que cette visite reste gravée dans la mémoire.

Le chemin de croix de Raynaude, situé sur la route qui relie le Mas-d'Azil à Saint-Girons. Au premier plan, le clocher de l'église de Raynaude.

Piémont pyrénéen
Le pays d'Olmes

Le Pays d'Olmes dans le Sud-Est du département de l'Ariège.

Ce piémont qu'Adelin Moulis, l'un des meilleurs auteurs ariégeois parlant de l'Ariège nomme « *Un monde merveilleux, plein de lumière et de chaleur…* » peut se concentrer dans un octogone allant de Mazères à Mirepoix en passant par Pamiers et Lavelanet. C'est un vaste pays sous l'œil vigilant du pic des Trois Seigneurs. Un pays à la terre riche, agréablement mamelonné où la culture du blé et l'élevage de bovins semblent se partager équitablement. C'est un balcon incomparable sur la montagne qui recèle quelques curiosités comme l'église rupestre de Vals, les cascades de Roquefort ou la bastide de Saint-Ybars. La montagne n'est pas encore présente, par contre la plaine toulousaine est bien là avec ses bastides, ses églises de brique. Rien ne différencie les collines d'ici de celles du Volvestre et du Lauragais, voire de l'Albigeois et du Gers. Il semble presque naturel que de riches abbayes s'y soient installées.

Nous allons rendre visite aux centres les plus importants.

Saverdun tout d'abord, riche bastide, bien située surtout, marquée par l'histoire de Jacques Fournier, jeune garçon qui gardait les moutons de ses parents mais qui aussi « lisait dans les livres ». Les moines de l'abbaye ayant remarqué ses aptitudes s'occupèrent de lui. Il devint moine et s'éleva très vite dans la hiérarchie. Evêque de Pamiers, il dirigea l'Inquisition dans tout le pays et fit noter méticuleusement les confidences forcées de ses victimes. Ces chroniques sont aujourd'hui un étonnant témoignage sur la vie du XIIIe, sur les mœurs, sur la pensée religieuse, sur l'imaginaire aussi. Une mine d'or pour les chercheurs d'aujourd'hui. Emmanuel Le Roy Ladurie a pu étudier grâce à Jacques Fournier le village de Montaillou. Il devint pape sous le nom de Benoît XII et c'est lui qui fit construire le palais d'Avignon. On peut faire un petit pèlerinage au village de Canté où il est né.

Saverdun, aux portes de l'Ariège, à moins de 50 km de la métropole toulousaine.

Mazères est une grosse bastide, et comme toutes les bastides au plan régulier, aux maisons collées les unes aux autres, les rues qui se ressemblent secrètent un certain ennui. Aux heures creuses, on ressent même un sentiment de solitude. Heureusement qu'il y a la halle centrale qui est ici comme ailleurs le temple de la vie quotidienne et des biens de ce monde, accolée à l'église consacrée à la vie éternelle et à la méditation.

Les comtes de Foix y avaient construit un autre château, trouvant le premier trop étroit et trop inconfortable. C'est ici qu'est né en 1289 un Gaston de Foix (tous les héritiers se nommaient Gaston), duc de Nemours, neveu de Louis XII et qui à l'âge de 24 ans fut vainqueur à Ravenne. Il y laissa la vie aussi et François 1er tint à lui faire construire une sépulture triomphale digne de lui. Quant à Gaston Fébus, il accueillit ici le roi Charles VI fastueusement.

Bastide du XIIIe siècle, Mazères est riche d'un passé historique allant de l'époque mérovingienne à celle du Moyen Âge.

Pamiers les trois clochers est la plus grande ville du département avec ses 20.000 habitants. C'est d'abord, comme dans tout le piémont pyrénéen, une abbaye qui attira les habitants. Bien située au débouché de la montagne, la ville prit très vite de l'importance. Ses bâtiments religieux sont très influencés par ceux de Toulouse. Construite en brique, ville industrieuse et active, elle ne s'offre pourtant qu'avec parcimonie. Son centre historique est intéressant et mérite le détour.

On peut rattacher à Pamiers Gabriel Fauré qui y est né en 1845. Il entra dans une école de musique classique à Paris à l'âge de 9 ans. Il revint épisodiquement en Ariège où son père était directeur de l'école normale. Son itinéraire de musicien le mena vers les plus hauts sommets aux côtés de Debussy et Ravel. À Pamiers se trouvent des documents le concernant dans un petit musée.

Commune la plus peuplée du département, Pamiers est idéalement située sur les bords de l'Ariège.

Originellement dédiée à saint Jean Baptiste et saint Jean l'évangéliste, l'église de Pamiers fut appelée Sainte-Marie du Mercadal (« du marché ») en 1384, avant d'être élevée au rang de cathédrale en 1499. L'édifice construit en brique toulousaine, matériau typique de la région est aujourd'hui dédié à saint Antonin.

Située en plein Pays cathare, Mirepoix est une bastide médiévale dont le cœur bat autour de ses surprenants couverts du XIVe siècle.
Au loin, le massif de Tabe culmine au pic de Soularac, à 2368 m d'altitude.

Mirepoix, quant à elle, fut totalement rasée par une vague d'eau issue du lac de Puivert et de la rupture des digues naturelles le 18 juin 1279. Elle fut immédiatement reconstruite sur le modèle des bastides. Sa place centrale, qui date de cette époque, est vraiment étonnante avec ses « couverts » aux piliers de bois et aux poutres taillées à la hache et devenues aussi dures que la pierre. Toute la vie de Mirepoix se concentre là et c'est très agréable. On y trouve des galeries d'art, des cafés, des restaurants, des librairies et des marchands de toute sorte. Tout à côté la cathédrale est imposante. Elle offre une nef très large de plus de 21,5 mètres qui lui donne un caractère singulier. On peut partir dans les ruelles à la recherche de petites fontaines, mais l'essentiel de la vie se concentre sur la place.

Le clocher de la cathédrale Saint-Maurice de Mirepoix.

La place à couverts de Mirepoix.

La Maison des Consuls de Mirepoix date du XVe siècle. C'est aujourd'hui un hôtel de charme bien situé au cœur de la place médiévale bordée de demeures à colombages.

Plusieurs lieux peuvent dans cet ensemble attirer l'attention : Vals (entre Pamiers et Mirepoix) dont l'oppidum a été habité depuis les temps préhistoriques. Il faut voir l'église rupestre dont les escaliers sont taillés dans la roche. Les peintures murales retraçant la vie du Christ marquées par l'influence byzantine et occitano-catalane, datent de l'époque romane.

Entre Mirepoix et Lavelanet, face aux Pyrénées, on traverse le meilleur du pays d'Olmes grâce à la départementale 625. C'est un pays ouvert, lumineux, doucement vallonné qui est sous l'influence des pays audois et qui vient buter contre les rudes arêtes du Plantaurel. Plusieurs curiosités méritent un arrêt : les gigantesques ruines du château de Lagarde. Cette immense bâtisse est passée successivement sous le contrôle des rois d'Aragon et des comtes de Foix. Prise par Montfort et donnée à la famille de Lévis elle demeura leur propriété jusqu'à la Révolution. Abandonnée pour cause d'émigration et de mort à Venise, elle fut rachetée ensuite et partiellement rénovée.

Construit au XIe siècle par Ramire Ier de Navarre sur une colline dominant la vallée de l'Hers-Vif, le château de Lagarde fut l'objet au cours des siècles de nombreux remaniements, dans un premier temps défensifs (jusqu'au milieu du XVIe siècle) puis visant à le transformer, au cours du XVIIe siècle, en un splendide palais d'agrément. Le château est bâti sur un plan carré : quatre tours monumentales, de forme quadrangulaire, flanquent les bâtiments d'habitation. L'ensemble est enserré de plusieurs enceintes, terrasses et fossés successifs.

L'église de Vals est semi-rupestre, ce qui signifie qu'elle est en partie construite dans la roche…

... Son abside conserve des fresques romanes du premier quart du XIIe siècle.

Les escaliers taillés dans la roche de l'église rupestre de Vals.

Camon où l'on verra les ruines d'une ancienne abbaye à l'intérieur de fortifications. Selon la légende, c'est Charlemagne qui la fonda en 778. Détruite lors de la catastrophe de la rupture du barrage de Puivert, elle fut reconstruite. Dans l'église se trouve un retable de l'école espagnole du XVIIe.

Classé parmi les plus beaux villages de France, Camon est fortifié autour de son abbaye du Xe siècle.

Le lac de Montbel est une réussite. Ce plan d'eau, sous le regard des montagnes enneigées, reflète de douces collines et de jolies forêts. Sa superficie de 570 hectares permet l'irrigation de 28 000 ha de la Haute-Garonne à l'Aude. On peut s'y promener agréablement et tout ce qui peut relever des loisirs aquatiques s'y trouvent.

Les Pyrénées enneigées se reflètent dans les eaux limpides du lac de Montbel.

La fontaine de Bélesta est étonnante. Une énorme goulée d'eau neigeuse sort de la falaise. On a calculé à 10 000 litres par seconde le débit de cette fontaine qui recueille l'eau de tout le plateau de Sault et la neige fondue du massif de Tabe. Elle coule tout au long de l'année mais lors des basses eaux elle devient intermittente d'une étonnante régularité.

La fontaine de Bélesta.

La forêt occupe une grande partie des pentes et du plateau au-dessus de la petite ville. On y retrouve des ambiances nordiques, des sols moussus et silencieux et une lumière particulière, propice aux légendes. On n'a pas oublié le baron d'Audou, châtelain du lieu qui a fait régner la terreur de 1559 à 1599 dans son fief mais aussi dans ce coin d'Ariège. Devenu protestant, il poursuivit moines et églises de son acharnement. Il fit par exemple un grand brasier du sanctuaire du Val d'Amour où les ex-votos de cire alimentèrent les flammes. Dans le pays, pour faire peur aux enfants, on a coutume de dire « *Audou au loup* » pour les calmer. Son château fut méticuleusement démantelé à la Révolution.

La forêt de Bélesta est principalement composée de sapins pectinés.

Le curieux phénomène des cascades pétrifiantes de Roquefort.

C'est à Léran que se situe le château de la famille Lévis Mirepoix. Le dernier duc, mort en 1981, était académicien. Homme de lettres de qualité, il fut l'auteur de nombreux ouvrages dont « *Le papillon noir* », « *Le baiser de l'Antéchrist* » et surtout de « *Montségur* ». Il était l'héritier d'une longue dynastie originaire d'Île-de-France et venue en Occitanie dans les pas de Montfort qui lui offrit la région de Mirepoix ! Bien implantée et influente, la famille Lévis a produit au fil du temps des évêques, des hommes de guerre, des érudits en tout genre.

Laroque-d'Olmes est une petite ville industrielle où s'est développé le textile comme à Lavelanet, mais aussi l'artisanat du peigne, d'abord en buis de la région puis en corne de tous les troupeaux de la montagne. À Roquefort, on découvrira un curieux phénomène géologique : des cascades pétrifiantes en tuf calcaire surtout spectaculaires au printemps et en hiver.

Une petite route pleine de charme relie Laroque-d'Olmes à Foix à travers les rudes paysages du Plantaurel.

Vue d'ensemble de la bourgade de Laroque-d'Olmes.

Les cascades pétrifiantes de Roquefort.

L'Ariège, vérités et émotions

Le pic des Trois Seigneurs est un remarquable belvédère du fait de sa position en retrait de la chaîne des Pyrénées.

Foix et la haute vallée de l'Ariège

Le château fort de Foix domine la ville, bien installé sur son impressionnant rocher.
Le château est mentionné pour la première fois dans une charte au début du XIe siècle ; il a probablement été construit à la fin du siècle précédent.
Vue depuis le sentier montant au pech de Foix.

Depuis Toulouse vers Pamiers et Foix, l'autoroute est la voie rêvée avec une vue d'ensemble de la chaîne depuis les collines du Lauragais, au-dessus de Mazères. Le regard peut joindre le Canigou et le pic du Midi et quel que soit le temps, l'instant est vraiment magique…

La route se dirige directement vers Foix au milieu de prés très verts et de bois sombres, au bord de l'Ariège soudain assagie après avoir percé la barre du Plantaurel. On entre en ville un peu par effraction. On se sent très à l'étroit cerné de rochers, de falaises, de torrents. Le château ici règne en grand seigneur. À chaque coin de ruelle, on peut le voir tout au-dessus. C'est assez étonnant. La dynastie des comtes de Foix avait là le repaire idéal mais lorsque l'époque a voulu que l'on sorte des tours médiévales pour des châteaux plus vastes et mieux éclairés, ils sont partis à Mazères puis en Béarn laissant la ville de Foix à son rêve moyenâgeux dont elle ne semble pas être sortie. Notons au passage que le dernier des comtes en titre est devenu roi de France, c'est Henri IV.

Foix pendant la Croisade contre les Albigeois a été le plus important soutien des comtes de Toulouse et des cathares. Simon de Montfort l'assiège en 1211 et 1212, mais c'est l'échec. L'histoire d'Esclarmonde, comtesse de Foix, cathare elle-même n'a pas fini de faire rêver et d'alimenter les romans. Plus tard la figure de Gaston Fébus s'impose par son comportement, ses goûts, ses actions comme un grand prince de la Renaissance. Il faut avoir lu l'immense saga de Myriam et Gaston de Béarn : « *La vie fabuleuse de Gaston Phébus* » pour se familiariser avec son aventure tumultueuse qui aurait bien pu se terminer par un royaume à sa mesure englobant l'Aquitaine, le Languedoc, la Navarre et la Catalogne vers laquelle plusieurs générations de Fuxéens ont tourné aussi leur regard. Gaston Fébus fut considéré comme l'un des plus importants princes de la Renaissance et fut presque l'égal du roi de

Vue d'ensemble de la ville de Foix depuis le belvédère des montagnes environnantes.

France et du roi d'Angleterre. Ses hauts faits ont été relatés par Froissart et de cette façon bien connus. Il fut un grand chasseur et son livre « *Le livre de chasse* » est une référence. Une ombre à ce tableau plutôt flamboyant : la mésentente avec sa femme, sœur du roi de Navarre, et le fils qu'il avait eu d'elle. Lequel, accusé de vouloir l'empoisonner périt de sa main.

Après le départ de Fébus, le château devient prison et aujourd'hui musée départemental avec de très riches vestiges préhistoriques. Après bien des hauts faits historiques dont elle a été témoin, la ville de Foix a été réduite à la Révolution au rôle de préfecture, c'est d'ailleurs la plus petite préfecture de France, et elle semble s'être enfermée dans le regret et l'amertume. C'est surtout du site qu'il convient de s'imprégner.

Ici est né aussi en 1800, Frédéric Soulié qui connut de son temps un succès égal à celui de Balzac ou à celui d'Eugène Sue. Ses romans populaires alliaient à de surprenants rebondissements un fond historique souvent ariégeois ou pyrénéen. Son père étant dans l'administration, c'est cette voie qu'il choisit tout d'abord avant de commencer à écrire

L'Ariège arrose la ville de Foix.

Les rues piétonnes de la ville de Foix.

La tour ronde du château de Foix, ajoutée au XVe siècle, complète les deux tours carrées des XIIe et XIIIe siècles.

poèmes et romans en pleine querelle romantique. Il écrivit « *Le Comte de Toulouse* » (1835), « *Le Comte de Foix* » (1861), « *Le château des Pyrénées* » et « *Les Mémoires du Diable* » qui est son livre le plus lu. (1838). Un petit détour vers cette œuvre un peu oubliée aujourd'hui vaut la peine.

Il y a tout autour de Foix une multitude de belles promenades par des routes escarpées telle la Route Verte dans des paysages pastoraux et forestiers agréables ou la route de la Crouzette qui frôle la haute montagne.

Du haut de ses 704 m, le pech de Limouzy domine Loubens et les coteaux du Plantaurel.

Mais la voie royale et pourquoi ne pas dire comtale, c'est la vallée de l'Ariège elle-même : une fantastique percée à travers de hauts massifs depuis l'Andorre jusqu'à la plaine toulousaine. C'est une sorte de poème naturel ciselé par l'eau, la roche et la lumière. La rivière est toujours torrentueuse, ménageant des replats rocheux où se sont réfugiés de petits villages, des falaises remarquables percées de cavernes gigantesques habitées depuis la Préhistoire et des formations géologiques étranges. Dans cette vallée qui rejoint la haute Catalogne et Barcelone, de nombreux parcs à thèmes se sont installés. Celui de l'art pariétal à Tarascon, celui des anciens métiers aux Forges de Pyrène, la Maison des Loups. Des stations de skis aussi. En fait, il s'agit là d'une longue et surprenante beauté naturelle où le spectacle d'une singulière richesse est toujours présent quels que soient l'heure du jour et le partage de l'ombre et de la lumière ou des saisons.

Le cours de l'Ariège.

Le pont du Diable enjambe l'Ariège entre Foix et Tarascon-sur-Ariège.

Non loin du pont du Diable, le village de Mercus-Gabarret.

Deux curiosités se proposent au tout début : Le pont du Diable construit au-dessus de l'Ariège où l'eau ici assagie est noire entre les rochers à nu et les falaises couvertes de clématites et de monnaie du pape. Sur le pont il reste des ruines de constructions auxquelles se rattachent plusieurs légendes. Le lieu est impressionnant et justifie ce nom.

Plus loin, en remontant, notons les spoulgas de Bouan, ce sont des grottes fortifiées au pied de la falaise où trouvèrent refuge toutes sortes de proscrits.

Montségur

Toujours en partant de Foix, il faut prendre la direction de Montgailhard. Tout près, dans un hameau reconstitué, les « Forges de Pyrène », vivent 120 métiers, animés par des artisans qui donnent une idée très précise de la vie quotidienne du début du XXe. Certains seront étonnés par la collection de plus de 6 500 outils et objets souvent magnifiques qui témoignent du dur labeur des hommes et de leur esprit d'innovation. Les forges utilisaient la force hydraulique et s'étaient répandues dans toute l'Ariège, créant ainsi un tissu de petites industries particulièrement dense attirant une main d'œuvre abondante en quête de progrès social et de bien-être. La Grande Guerre allait balayer tout cela. Ce parc en tout cas a le mérite de nous faire voyager dans le temps et de nous faire rêver aussi.

Perchée à 1200 mètres d'altitude, la forteresse de Montségur fut le théâtre des terribles événements de l'année 1244, point d'orgue de la croisade contre les cathares, menée par Simon de Montfort. Plus de 200 parfaits y trouvèrent la mort, immolés au nom de la foi en un gigantesque brasier.

Classées Grand Site de Midi-Pyrénées, les Forges de Pyrène mettent en scène 120 métiers, pour la plupart disparus, une collection de 6 500 outils, plusieurs ateliers animés par les médiateurs du patrimoine et un spectacle original sur la vie quotidienne au début du siècle dernier.

Après Montgaillard, en direction de Lavelanet, il faut faire le détour de Roquefixade avec sa ruine féodale dans le fier prolongement de gigantesques falaises. Ce château était l'une des clés du comté dominant deux routes importantes. On pouvait communiquer par feux avec Montségur et après la chute des cathares, bon nombre vinrent se réfugier ici. Il fut démantelé en 1622 par le roi de France, ne pouvant plus avoir aucun rôle stratégique.

La route monte et après le modeste village de Montferrier apparaît sur son « pog » vertigineux, en plein ciel, le château de Montségur qui semble vouloir manifester une certaine fierté, une certaine permanence. Solitaire et saisissant, il témoigne d'une histoire qui ne semble pas être close : celle des résistances, celle de la quête de liberté. Lorsque le 16 mars 1244 le roi Louis IX (Saint Louis !) brûla plus de 200 réfugiés du château qui venait de tomber, il voulait mettre fin à une révolte qui avait ébranlé les deux piliers de son temps : la royauté et la papauté. La lutte contre la doctrine cathare n'était qu'un prétexte pour s'attribuer des terres riches et

Les ruines du château de Montségur...

convoitées. La royauté mettait fin au risque de voir se développer une sorte de royaume du sud tourné vers la Catalogne et l'Aragon et l'église mettait un terme aux menaces qui pesaient sur ses riches abbayes car cette nouvelle religion rejetait toute richesse et toute hiérarchie, sinon celle du mérite.

Montségur, son histoire et ses légendes, a donné jour à une abondante littérature que l'on trouve facilement sur les lieux et dans les librairies et qui permet de bien connaître toute cette période. S'il faut conseiller une seule œuvre, je choisirais celle de Zoé Oldenbourg (« *La Pierre angulaire* », « *Les Cités charnelles* », « *Montségur* »). C'est vrai que si l'on va en simple touriste en ce lieu, on peut tout de même être étonné par ce pain de sucre presque parfait, par ces murailles et par le vaste paysage alentour fait de pentes dénudées, de forêts très denses, de vues lointaines sans pareilles. Mais l'on passe à côté de l'essentiel : son histoire, les idées dont elle est imprégnée et les événements tragiques où logent bien des rêves ou des hantises. Leur connaissance permet de mieux comprendre la force symbolique de cet ultime refuge avant le ciel ou l'enfer éternel.

… et de Roquefixade, autre forteresse cathare qui sert de refuge et de lieu de résistance pour les Albigeois au XIIIe siècle.

Lavelanet, capitale du Pays d'Olmes, sur les rives du Touyre.

La station des Monts d'Olmes.

Le village en contrebas est bien modeste non loin du fond de la ravine. Il semble ne pouvoir vivre que de la lumière des falaises qui le dominent et l'éclairent.

Vers la station des Monts d'Olmes, une belle route traverse tous les étages de la forêt pyrénéenne pour atteindre à 1400 mètres, au-delà des sapins, les pistes skiables et les chalets.

Lavelanet n'est pas loin avec ses industries textiles encore vivantes, sa haute technologie, son patrimoine industriel et artisanal (peignes en corne) à voir dans un musée de cette petite ville.

La route des corniches

Le village d'Arnave dans son écrin de verdure.

Depuis Foix reprendre la route de la vallée de l'Ariège et passer sur l'autre rive à Bompas. Un petit détour au Pont du Diable n'est pas inutile. On se retrouve sur l'ancienne nationale qui menait en Andorre dans les années 60. Cet itinéraire ne devient intéressant qu'à Arnave où la route s'élève rapidement et passe au pied de hautes falaises taillées à vif. Un curieux rocher en forme de haut menhir veille sur une inextricable végétation. Ce pourrait être ici le pays de l'ours, mais selon le slogan tracé sur la route, il n'est admis ici que « castré et pendu ». Par contre, on peut rencontrer d'immenses troupeaux de vaches blanches au regard charbonneux qui font un agréable concert de cloches sur les pâturages qu'elles partagent avec les chevaux de Mérens, véritables fleurs noires et vivantes de ces pentes. Ce cheval, de petite taille, a une robe d'un beau noir. On le voit déjà dessiné dans la grotte de Niaux. On le

Le cheval de Mérens partage ses pâturages avec la vache blanche au « regard charbonneux ».

dit endurant et docile. Il trouve sa pleine expression aujourd'hui dans les randonnées touristiques. Jadis on ne l'utilisait que pour le transport et non pour les travaux agricoles. On peut en admirer un grand nombre sur les pentes dénudées du Pic de Saint-Barthélemy. Ces chevaux, nous dit-on, concilient la rusticité, la docilité, la sûreté de pied et la franchise. On ne peut pas mieux faire.

Le château de Lordat est l'un des plus anciens et des plus vastes châteaux féodaux du comté de Foix. C'est un exemple typique de l'architecture militaire médiévale des Pyrénées ariégeoises.

L'église romane Saint-Julien d'Axiat.

Les vues sur la chaîne se multiplient et se diversifient aussi. On repère tout de suite le petit village d'Axiat à son haut clocher, mentionné dès 1075. On parvient à Lordat par des paysages parfois vertigineux. Une forteresse médiévale occupe tout le piton. Elle a servi d'asile provisoire à ceux qui avaient réussi à quitter Montségur. C'est l'une des clés du comté de Foix, construite au Xe, dominant la vallée, elle fut aussi un enjeu de pouvoir entre les comtes de Foix et les rois d'Aragon. C'est Henri IV qui ordonna sa démolition.

La carrière à ciel ouvert située à 1800 m d'altitude fondée en 1905 produit 400 000 tonnes de talc par an.

L'église Saint-Martin d'Unac a été construite au XIe siècle par les comtes de Foix.

La plus grande carrière de talc au monde est là, plaie étrangement blanche dans le Saint-Barthélemy. C'est la mine de Trimouns, à ciel ouvert.

On parvient à Unac à l'une des plus belles églises romanes de la région avec son clocher carré à trois étages. L'ensemble du chevet et des chapelles est très harmonieux. L'intérieur aussi si l'on excepte les saints de plâtre d'aujourd'hui.

La route s'élève alors et traverse de belles hêtraies à flanc de montagne où poussent aussi des mélèzes pour atteindre le col de Marmare à 1362 mètres. De là on peut revenir vers Ax par le Chioula ou partir vers Quillan par Montaillou.

Tarascon

Tarascon est au carrefour de routes et de sites importants. La ville mérite un arrêt avec l'Ariège qui coule au pied de sa tour ronde. Lieu de rencontres, de foires, de fêtes, Tarascon est aussi une ville industrielle et moderne.

Cité des Tarusques évoquée par Pline, elle s'est longtemps blottie au pied du Castella, dont la tour ronde est le dernier vestige. De cette tour, lors des guerres de religion, 66 huguenots furent jetés dans le vide en représailles d'autres meurtres. Ses places accueillantes sont aujourd'hui moins cruelles et ses fontaines aussi. Et cela sous le regard de hautes falaises qui captent le soleil et cachent des trésors préhistoriques.

Tarascon-sur-Ariège, formée par la réunion de la ville basse - au confluent de l'Ariège et du Vicdessos - et d'une ville haute, autrefois fortifiée, qui s'adosse à une butte surmontée d'une tour ronde.

La tour du Castella, vestige du château comtal de Tarascon pratiquement disparu en 1632-1633.

Le parc de la Préhistoire.

Le « parc de la Préhistoire » sur 13 hectares est vraiment unique. Situé dans un étonnant environnement rocheux et montagneux. On peut partir à l'aventure et avoir l'esprit sans cesse en alerte. Des grottes ont été reconstruites comme par exemple le « salon Noir » de Niaux tout proche. Les autres grottes ariégeoises si nombreuses ne sont pas oubliées. On a aussi une approche claire et intelligente de l'art pariétal. On s'initie également à la vie quotidienne de l'homme de Cro-Magnon. Ce lieu d'envergure internationale est un des moments forts du voyage ou bien le justifie pleinement.

Toute proche la chapelle Notre-Dame de Sabart évoque une légende dorée. Charlemagne ici combattit les Maures et remporta en 778 une victoire. Ce soir-là il découvrit grâce à son cheval une statue lumineuse de la vierge. Il en fit don à l'église Saint-Volusien de Foix, mais la statue revint d'elle-même. Le miracle se reproduisit. Nul désormais ne songe à la déranger.

Notre-Dame de Sabart, à Tarascon-sur-Ariège, est une église romane datant du XIe siècle. Du style du premier art roman, elle comprend trois nefs terminées par une abside et deux absidioles.

La vallée de Saurat vers le Couserans

Depuis Tarascon, on peut rejoindre le Couserans par le Col de Port. Tout d'abord la grotte de Bédeilhac dans ce singulier paysage de falaises, de montagnes rocheuses offre un immense porche. Elle a été l'une des toutes premières à être explorée et à donner des informations sur la vie et l'art durant la Préhistoire. Cette grotte est si vaste qu'elle fut choisie en 1942-44 par les Allemands – profitant de la main d'œuvre locale – pour construire une usine d'avions. La vallée où coule le ruisseau Saurat en toute liberté est largement ouverte et bien ensoleillée. Le village de Saurat est lui-même agréable. On grimpe ensuite jusqu'à 1249 mètres au col de Port pour entrer en Couserans. La différence de paysages est aussitôt sensible. On quitte la roche vive pour des courbes plus profondes, pour des prairies et des forêts mieux nourries par les pluies océaniques. On remarquera un habitat étonnamment dispersé. Il faut tourner et retourner dans de multiples virages pour apercevoir les toits d'ardoise de Massat luire au soleil comme des corbeaux.

La grotte préhistorique de Bédeilhac, caverne aux dimensions gigantesques.

La tour de Montorgueil, au premier plan, est implantée sur un piton rocheux à 865 m d'altitude. Elle surplombe le village de Saurat et sa vallée verdoyante.

La vallée du Vicdessos

Vue générale de la commune de Vicdessos.

Engageons-nous dans la vallée du Vicdessos par Niaux justement et ses forges, mais aussi pour son extraordinaire caverne préhistorique et son « salon Noir » mondialement connu. On peut y découvrir également un musée pyrénéen. Face à nous, et du plus profond de la vallée creusée par le torrent se dressent les ruines impressionnantes du château de Miglos. La vallée s'élargit et le gros village de Vicdessos devient une petite plaque tournante. Avec ses maisons anciennes et grises au ras des rues, rien d'attirant ici sous les frimas. Continuons donc la route. Après Marc, la montagne se fait plus rude, plus présente avec ses falaises abruptes, ses fines cascades, ses bosquets de bouleaux. S'ouvre alors un immense domaine montagnard fréquenté par les bergers depuis l'époque des Comtes de Foix

La grotte fortifiée du château de Montréal-de-Sos, trace de l'occupation troglodytique médiévale en Haute-Ariège.

La grotte de Niaux est une grotte ornée du Paléolithique supérieur (bouquetin)
© Sites Touristiques Ariège/SESTA - E. Demoulin.

qui devaient avoir ici des troupeaux de vaches brunes. Les orris datent de cette époque. Ce sont des abris sommaires en pierre sèche voûtés par encorbellement et recouverts de gispet, une couverture végétale les protégeant de la pluie. Il est possible, par les chemins montagnards de rejoindre l'Andorre, l'Espagne ou le Couserans. On est ici dans l'un des domaines de l'ours. Des slogans : « *Martin on est chez nous* » ou « *Non à l'ours* » indiquent l'état d'esprit de la vallée. Pourtant ces immensités sauvages ont longtemps été habitées par l'ours comme l'atteste l'histoire légendaire d'une femme sauvage vivant nue avec les ours. Attrapée par des chasseurs très excités, elle fut livrée aux curés qui ne parvinrent pas à lui enlever l'idée de retourner vivre au milieu d'eux, ce qu'elle fit et ce qui excita encore plus les chasseurs. Elle finit sa vie dans les prisons de Foix, victime de la bêtise humaine.

Patrimoine pastoral, le Courtal de Peyre Auselère-Courtignou fait l'objet d'une sauvegarde par une association créée en 2011.

Vue d'ensemble du massif depuis la station de ski de Goulier.

Le Vicdessos se partage donc entre des enclaves industrielles avec ces lourdes conduites d'eau qui sortent de la montagne comme des veines, ces dépôts de minerai de fer et ces immenses étendues presque vierges où le froid s'impose très tôt. C'est ici le domaine des marcheurs. Les vues sont toujours extraordinaires comme celle depuis Goulier, sur la vallée, sur la chaîne, sur l'emplacement d'un château médiéval, sur les autres villages bâtis sur les flancs arides de la montagne et qui témoignent de l'importance de la population au XIXe, mais aussi du terrible dépeuplement après la Première Guerre mondiale. On imagine en contemplant les toits de lauze combien devait être active la vie ici, avec ses mineurs, ses bergers, mais aussi ses colporteurs, ses artisans. La fumée de bois devait flotter en permanence, les gens devaient aller et venir sans cesse sur les chemins entre Sem et les mines de fer du Rancié qui ont laissé des traces dans l'histoire sociale de cette époque. L'importance de cette mine a été considérable : exploitée au maximum lors du développement des voies ferrées. C'est sur du fer ariégeois qu'ont roulé tous les trains de France.

Aujourd'hui l'on peut emprunter ces parcours sans hâte, découvrant à Siguer le rendez-vous de chasse des comtes de Foix, à Sem, l'immense roc à l'apparence de dolmen qui occupe le sommet d'un étonnant pain de sucre, les chaos de rochers mais aussi les hautes vallées souvent plus riantes, plus ensoleillées et plus accueillantes que le fond des gorges. On est là dans un petit univers hors du temps qu'il faut savoir savourer.

Le site de Montréal-de-Sos et son château.

Le château de Miglos est implanté sur la cime d'un éperon calcaire, à 779 mètres d'altitude. Au loin, le pic de Bassiès enneigé culmine à 2676 mètres.

Ax-les-Thermes

Ax est agréablement située au confluent de plusieurs torrents. Elle témoigne aussi de l'originalité géologique de la région avec ses 80 sources chaudes de 18° à 78° où déjà au XIIIe siècle venaient les soldats ayant contracté la lèpre en Palestine. « Le Bassin des Ladres » date de cette époque. Ces eaux parfois colorées peuvent servir à cuisiner. « *Elles réussissent dans les manifestations scrofuleuses* » note un « *Guide-route du baigneur et du touriste* » paru en 1899. Aujourd'hui encore rhumatismes et maladies de peau n'y résistent pas. C'est une étape obligatoire sur la route de l'Andorre et de la Catalogne mais aussi le point de départ pour de très belles randonnées en montagne et pour le ski.

Ax-les-Thermes. Le Bassin des Ladres (8,70m sur 11m de large) bâti vers 1250 est alimenté par une source à 40°. En 1260, le comte Roger IV, sur la demande de Saint Louis, y fonde une léproserie pour soigner les soldats lépreux de retour de Terre sainte. Cet établissement existe encore aujourd'hui mais il a désormais pour vocation la rééducation fonctionnelle.

Site authentique en Haute-Ariège, le village de Prades, 1200 m d'altitude, est un paradis pour les randonneurs.

Vers le Chioula et Montaillou

En prenant la route du col du Chioula, on s'élève rapidement au-dessus des forêts de hêtres et l'on parvient à atteindre de grandes pentes dénudées habillées par la neige dès la fin de l'automne. La vue sur la chaîne est totale. C'est l'une des plus belles que l'on puisse avoir. Après le col, la route redescend très vite et au sortir de la forêt de hêtres, le paysage s'élargit et devient très pastoral avec de beaux troupeaux de vaches brunes dans les prés.

Le village de Montaillou est là, étagé sous les pans de murs de son château, laissant couler ses fontaines sous le soleil devenu presque méditerranéen. On a peine à imaginer ce village dans la tourmente historique, mais l'on devine à travers les naïves réponses de l'ancienne châtelaine, Béatrice de Planissoles à l'inquisiteur de Pamiers, combien était humaine sa façon de tromper à la fois l'ennui et son veuvage. En effet, en 1308, Montaillou a vu toutes ses maisons rasées et ses 250 habitants arrêtés pour cause d'hérésie. Béatrice va donner une image surprenante de la vie et des mœurs de l'époque. Son témoignage étonnamment moderne aussi a inspiré beaucoup d'écrivains.

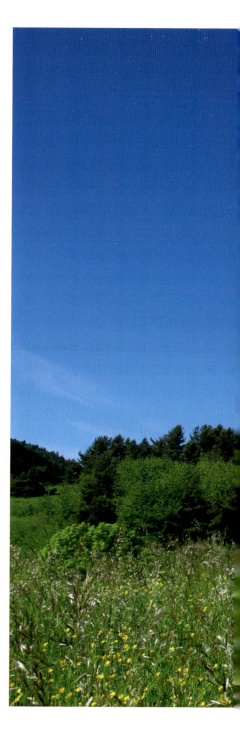

Le château de Montaillou, bâti par les seigneurs d'Alion vers la fin du XIIe siècle. Bernard d'Alion fut condamné par l'Inquisition en 1258 pour sa participation à l'hérésie cathare, le château revint alors au père de son épouse Esclarmonda, Roger IV, comte de Foix.

Fontaine à Montaillou.

Interrogée par Jacques Fournier, l'évêque inquisiteur de Pamiers, elle va laisser un témoignage poignant avant d'être emprisonnée à Carcassonne. C'est ce qui a attiré l'attention d'Emmanuel Le Roy Ladurie qui dans « *Montaillou, village occitan de 1294 à 1334* » a fait revivre ce bout de terre maintenant bien connu dans tout le monde universitaire malgré sa petite vingtaine d'habitants. N'est-ce-pas là une trop lourde histoire pour ce lieu dont les maisons se suivent et s'accolent les unes aux autres comme pour former un rempart à l'ennui mais peut-être aussi à l'intolérance ? On devine aussi que rien ne devait échapper aux voisins et que l'on pouvait tout à loisir faire courir toutes sortes d'histoires. On peut s'interroger sur la douceur de vivre, hors du formalisme religieux et parfois de ses terribles conséquences.

Le pays cathare se poursuit dans l'Aude toute proche dans des paysages nouveaux et très originaux.

Vers le Donezan

D'Ax-les-thermes, on peut joindre les paysages encore sauvages du Donezan si le col de Pailhères est ouvert. L'hiver il est souvent fermé. Ce petit bout du monde ne doit d'être rattaché au pays de Foix qu'à son passé historique et à ses liens avec le comté de Foix. À Quérigut, seule la tour Carle subsiste du château féodal. Au village de Rouze l'on découvrira un pont construit par Vauban, mais c'est la forteresse cathare d'Usson qui est la plus spectaculaire. Bâtie à partir du XIe pour contrôler la vallée de l'Aude, elle fut agrandie par la suite. Jean-Louis d'Usson, conseiller du roi en 1607, ambassadeur à Constantinople, maréchal des armées s'y établit et en fit un vrai palais, lequel devenu « bien national » à la Révolution fut pillé. Les murs d'enceinte seuls échappèrent aux destructions.

Les étangs de Rabassoles, dans le Donezan.

Le château cathare d'Usson, situé sur un promontoire rocheux au bord de l'Aude.

Le château de Quérigut, ou château du Donezan, est situé sur un piton rocheux au centre du village de Quérigut. Quérigut était exposé aux attaques des armées espagnoles et fut incendié par deux fois au XVIIe siècle (guerres de Hollande).

Du Donezan on peut poursuivre vers l'Aude ou les Pyrénées-Orientales.

D'Ax-les-Thermes on peut faire aussi un agréable crochet dans la vallée d'Orlu où coule l'Oriège. Il y a beaucoup d'or dans ces noms et ce n'est pas une légende comme l'atteste une ancienne mine. En allant au bout de la vallée dominée par la Dent d'Orlu, on peut visiter un parc naturel et voir des isards et des marmottes, peut-être des gypaètes. Des chemins de randonnée mènent à des lacs splendides dont l'étang des Peyrisses.

On rencontrera beaucoup de cascades. L'eau est partout présente sous toutes ses formes. La première centrale hydroélectrique d'Orlu a été créée en 1910 et détenait à ce moment-là le record mondial des chutes d'eau (942 mètres). Elle alimentait directement Toulouse. La vie de la vallée a été aussi marquée par de graves avalanches dues à la déforestation causée par les forges à la catalane.

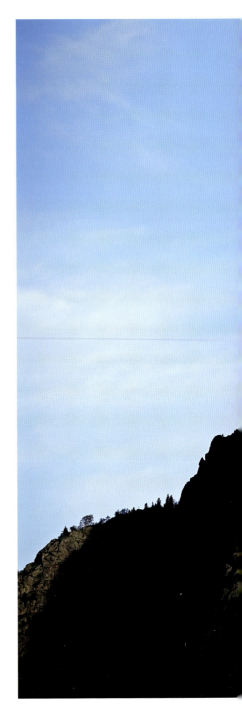

La Dent d'Orlu culmine à 2222 mètres. Elle est surtout connue pour ses voies d'escalade courtes (300 m) sur la face Est ou grandes (500-1 100 m) sur les faces Sud et Sud-Est.

Vers l'Andorre

Le village de Mérens-les-Vals est situé au confluent de trois vallées : l'Ariège, le Nabre et le Morgoulliou.

C'est l'axe où la circulation est intense. La route remonte dans des gorges profondes, souvent verglacées car à peine ensoleillées surtout en hiver. Peu de villages se sont implantés ici. Dans ces hautes vallées, en effet, la naissance d'un village doit tenir compte de la lumière et de l'eau. L'espace est donc restreint et les maisons ont tendance à s'accoler les unes aux autres dans les endroits ensoleillés à l'abri des crues et des avalanches.

Mérens qui a donné son nom à la race de chevaux à la robe noire est mentionné pour son château féodal surveillant le passage dès le Xe siècle. On raconte que le seul survivant d'une épidémie de peste vendit, en 1631, toute la montagne contre une jument blanche. Les conflits pastoraux n'ont jamais cessé depuis.

Autre histoire de cheval avec ce seigneur pris dans une tourmente de neige qui, voyant ses derniers instants arriver, tua sa monture et se réfugia dans la carcasse toute chaude. Il fit le vœu de construire là un hospice s'il parvenait à en réchapper. Ce fut le cas et c'est ainsi qu'est né l'Hospitalet.

Plus on monte, plus on quitte les gorges et la montagne semble s'ouvrir comme les pétales d'une fleur. En hiver, la blancheur de la neige sous un ciel d'azur cache de vastes espaces occupés par des pâturages.

Le contraste est d'autant plus étonnant lorsque, passant en Andorre, on découvre dès le Pas de la Case une vie trépidante, une architecture pleine de fièvre dédiée au culte de saint Mercado et de bienheureuse Supermarkette. Tout y est clinquant et à la pointe de la « modernité ». Après les grands espaces poignants de solitude, le choc est rude.

Le Pas de la Case (« passage de la maison ») doit son nom à la cabane de berger qui était alors la seule habitation de l'endroit au début du XXe siècle, marquant la frontière entre la France et l'Andorre.

Mais heureusement que l'Andorre n'est pas seulement un immense supermarché. L'existence de ce pays qui a su maintenir son indépendance à travers toute l'histoire est due à l'opiniâtreté de ses 85 000 habitants de langue catalane, à sa remarquable situation géographique au cœur des Pyrénées. L'Andorre est selon l'hymne national « *l'unique fille de Charlemagne* ». Son régime de paréage date de 1278 et n'a été modifié qu'en 1993 par référendum. L'acte médiéval a été signé par le comte de Foix et l'évêque d'Urgell en Espagne. Henri IV, en tant que dernier comte de Foix a transmis l'héritage à l'État français. Neutre pendant la dernière guerre, un grand nombre de réfugiés ont franchi la frontière grâce à l'aide des passeurs et des hôteliers andorrans.

Un des plus grands attraits de l'Andorre, outre les beaux paysages de montagne, ce sont les petites églises romanes disséminées un peu partout. De vrais bijoux appartenant à la même époque et à la même culture que celle de l'Ariège, de la Catalogne et de l'Aragon. Un « centre d'interprétation » remarquable existe à La Massana et peut inciter à aller à leur découverte. L'autre attrait, ce sont les étendues

Le clocher de l'église romane Saint-Pierre de Mérens-les-Vals.

de haute altitude, souvent enneigées en hiver et bien entretenues en été par les bergers et les troupeaux. Les sommets ici s'épanouissent et offrent de très grands espaces aux promeneurs.

Ayant décidé qu'il n'y aurait aucune taxe en ce pays, les autorités andorranes ont ajouté au tourisme la recherche des bonnes affaires que les douaniers du Pas de la Case essaient de refréner.

Le Couserans

Le Couserans forme à lui tout seul un petit pays autonome. Agréable, verdoyant, à l'histoire plutôt apaisée, il est aussi largement ouvert sur la montagne. N'est-ce pas le pays des 18 vallées ? – et sans doute un peu plus – dont Saint-Girons – ville sans imagination – est la clé toute rêvée.

C'est pourtant Saint-Lizier qui attire avec son impressionnant palais épiscopal – abritant aujourd'hui un musée d'art et de traditions populaires. À l'intérieur de la cathédrale, il faut voir les fresques romanes qui peuvent rappeler la peinture byzantine et qui sont très proches de celles de Catalogne. Le Maître de Taüll et celui de Saint-Lizier pourraient bien être une seule et même personne.

Le Salat coule ici ses eaux claires et vives ; on parle de paillettes d'or à son sujet. Les légendes aussi ne manquent pas, ni les témoignages préhistoriques avec la fameuse grotte des Trois Frères que trois jeunes aventureux découvrirent dans la propriété familiale. Grotte où se trouvent des bisons d'argile et surtout le fameux « sorcier » que le monde entier connaît…

Le mont Valier est un sommet de 2 838 m situé dans les Pyrénées ariègeoises, en Couserans, dominant toute la vallée d'Angouls et son torrent.

Montjoie-en-Couserans et son église fortifiée, dédiée à l'Assomption de la Vierge.

Saint-Lizier, une des villes les plus chargées d'histoire du département de l'Ariège.
En haut : le clocher octogonal de la cathédrale Saint-Lizier qui abrite un superbe cloître.
En bas : le Palais des Évêques bâtit par Bernard de Marmiesse en 1660.

L'Ariège, vérités et émotions

Le cloître de la cathédrale Saint-Lizier, du XIIe siècle. Sa galerie est formée d'arcades romanes en plein cintre reposant sur des colonnes de marbre alternativement simples et doubles. Elles sont au nombre de trente-huit et leurs chapiteaux sont ornés de sculptures.

Mais sait-on que la « houille blanche » a été découverte ici ? En effet, un enfant du pays, Aristide Bergès, né en 1833, dans une famille de papetiers de Lorp a mis au point les chutes d'eau et l'énergie qui en résulte. Au moment de la découverte, Aristide Bergès était dans les Alpes et il révélait l'immense potentiel de la montagne. Un collège de Saint-Girons porte son nom et un musée a été créé dans sa maison natale avec un « Observatoire du Papier, des arts graphiques et de la communication ». Par la suite, de nombreuses papèteries ont vu le jour autour de Saint-Girons et l'on y fabriqua longtemps les papiers à cigarette « Job ».

La vallée de Biros et de Bellongue

Les promenades à partir de la sous-préfecture sont multiples et jamais décevantes. Avant Castillon et sa chapelle du Calvaire du XIIe, à Audressein, il faut s'arrêter à Notre-Dame-de-Tramezaygues, petite chapelle de pèlerinage décorée de fresques du XVe, sorte de bande dessinée médiévale. Plus loin les églises romanes proches les unes les autres s'intègrent dans des paysages où s'harmonisent les torrents, les prairies en pente, les forêts. Il ne faut pas hésiter à aller à la découverte des petits villages bien installés sur les soulanes et où la vue est toujours originale.

Notre-Dame-de-Tramezaygues et ses fresques du XVe siècle.

L'Ariège, vérités et émotions

Au bout de la vallée de Biros, à Sentein, vieux village rude et montagnard, se mêlent usine hydroélectrique et dépôts de mines de plomb et de zinc. Station thermale aussi aux eaux ferrugineuses. Ces fonds de vallée sont des points de départ pour de grandes courses dans la montagne. Celle du mont Valier, la montagne tutélaire du Couserans, est inoubliable. On est là dans le domaine des isards, des pâturages, des falaises gigantesques et des vues toujours éblouissantes et aussi sur les chemins favoris des contrebandiers.

L'église fortifiée de Sentein dont il ne reste que deux tours de l'ensemble fortifié bâtit au XIIIe et XIVe siècles.

La Bellongue remonte vers Saint-Béat et le Cagire. La vallée est riche et bien orientée. L'habitat y est très dense. Le chemin de Compostelle allant de Saint-Bertrand-de-Comminges à Saint-Lizier passe par là. Sur les coteaux étagés se sont posés de beaux villages bien ensoleillés et de grandes forêts comme celle de Buzan. C'est à Saint-Lary en 1829 que l'on peut situer le début de la « Guerre des Demoiselles » qui enflamma tout le Couserans. Cette révolte paysanne est née lorsque l'État a décidé d'interdire l'accès direct aux forêts, c'est-à-dire que l'on ne pouvait plus couper du bois pour les constructions, ni faire paître les troupeaux. Les jeunes des villages revêtant de grandes chemises blanches (d'où leur nom) et se masquant le visage organisèrent d'abord des chahuts carnavalesques mais aussi des guets-apens contre les gardes forestiers. L'État envoya gendarmes et militaires, ce qui occasionna des heurts multiples jusqu'à la fin du siècle. Les autres vallées voisines de Bethmale, de Biros et de Massat ont été largement touchées.

Le village de Saint-Lary, au pied du col de Portet-d'Aspet.

Castillon-en-Couserans.

Les Demoiselles avaient un large soutien des populations locales dont elles étaient issues. C'est la dépopulation qui mit fin à ces troubles. Je parle de cela et de la vie dans ces hautes vallées à cette époque dans mon roman « *Le Bois des Demoiselles* ».

Les chèvres du Couserans.

La vallée de Bethmale

Mais c'est sans doute la vallée de Bethmale qui mérite le détour.

À partir des Bordes-sur-Lez, la route s'élève dans une vallée largement ouverte, très ensoleillée, très habitée au XIXe avec un très grand nombre de granges disséminées sur les immenses pentes. Le village d'Ayet est pittoresque avec ses maisons resserrées autour de l'église.

L'histoire des costumes a donné lieu à bien des légendes surtout inventées à l'époque romantique où la Grèce redevenait à la mode, accréditant l'idée de contact avec le monde des Balkans.

Quant aux Bethmalaises, elles ont laissé une autre trace dans l'histoire car elles étaient très recherchées dans les familles bourgeoises de la région toulousaine comme nourrices. Leur départ pour la ville a contribué à dépeupler les hautes vallées où ne restaient que les hommes les moins entreprenants.

Le village des Bordes-sur-Lez.

L'Ariège, vérités et émotions

L'Ariège, vérités et émotions

Le village d'Ayet, dans la vallée de Bethmale.

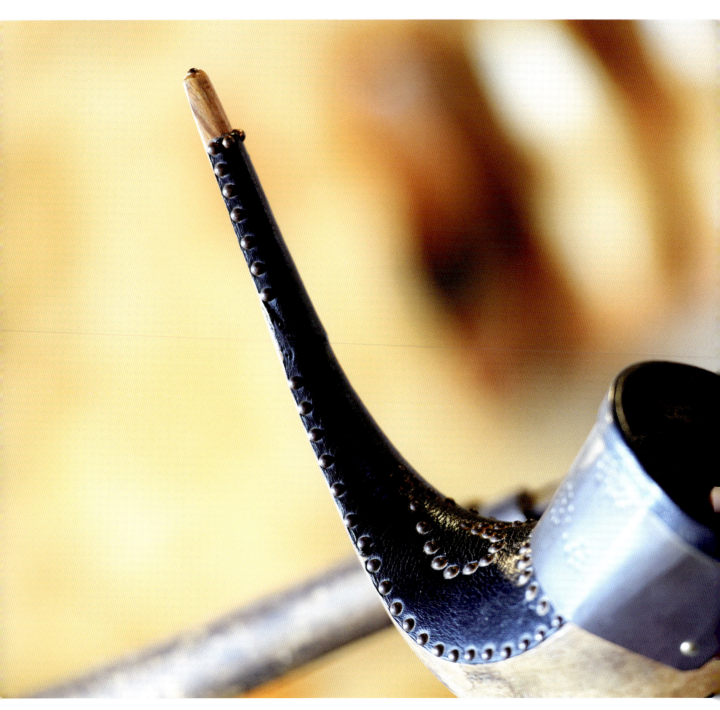

Le fameux sabot au bout relevé, fabriqué aux forges de Pyrène.

Plusieurs légendes se rattachent encore à ces lieux dont celle des sabots. En ce temps-là, la vallée avait été envahie par des gens venus de loin. Leur chef, Boabdil, était guerrier maure. Un jour où il se reposait près du torrent à l'abri de noisetiers, il vit une jeune fille et en devint amoureux. Elle se laissa séduire. Mais en haut de la montagne où ils avaient été refoulés, les garçons du village surveillaient ce qui s'y passait. Le fiancé de la jeune fille vit tout alors qu'il taillait des racines de noyers pour en faire des sabots. Il y eut une bataille gagnée par les garçons de Bethmale et lorsque ceux-ci firent leur entrée triomphale dans Ayet, tous les gens du village poussèrent un cri. Venait en tête un fier berger et au bout de ses sabots effilés étaient embrochés deux cœurs : celui de Boabdil et celui de celle qu'il avait séduite. Les sabots au bout relevé et effilé sont censés tenir les cœurs. *(Contes traditionnels des Pyrénées)*.

Un groupe folklorique (chants et danses) a fait connaître la singularité de cette vallée dans tous les festivals du genre en France, mais aussi les costumes où l'on a vu des influences venues de Bulgarie, des Bogomiles exactement, ces précurseurs des cathares. Tout ceci accrédite l'idée que cette accueillante vallée a été par le passé un refuge et un asile.

Presqu'au col il faut découvrir le lac où se reflète la falaise de la Dent de Balam, entouré de vieux hêtres aux formes étranges et aux sous-bois secrets favorables aux contes et aux légendes.

Par la vallée de Bethmale et celle de Biros, on peut atteindre le mont Valier et traverser des amas de rochers blancs et laineux comme des moutons. Il s'agit des « brebis antiques ». Dans ces territoires contrôlés par les évêques de Saint-Lizier, il ne faisait pas bon d'être irrespectueux. Un berger en fit l'expérience. Il rencontra Jésus qui se promenait par là et qui lui adressa la parole : – *Pâtre, où vas-tu ? – Je vais conduire mon troupeau dans cette montagne ! – Il faut dire « si Dieu le veut » !* dit Jésus. *– Qu'il le veuille ou non je l'y conduirai.* Le pâtre fut transformé en rocher ainsi que tous ses moutons. Et ils étaient nombreux !

L'étang de Bethmale, 1074 m et 1,1ha. Ses eaux offrent de magnifiques reflets à notre photographe.

La dent de Balam surplombe la vallée de Bethmale.

Le col de la Core, lieu de passage entre la France et l'Espagne lors de la Seconde Guerre mondiale.

Revenons vers Castillon pour faire un petit détour vers le village de Balagué où ont été tournées de nombreuses scènes du film « *Le retour de Martin Guerre* ».

De Saint-Girons l'on change d'ambiance avec la haute vallée du Salat augmentée par le Garbet, vers Seix et Aulus, elle aussi s'ouvrant vers d'immenses étendues montagnardes habitées par les pâtres et les contrebandiers. On peut rejoindre la frontière catalane si l'on connaît les chemins muletiers et il fut une époque où l'on traversait les cols pour rejoindre une foire ou un marché de l'autre côté.

La rivière du Garbet.

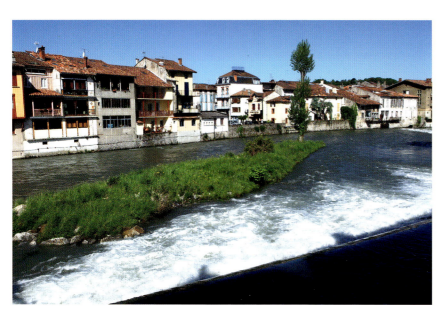

Le bourg de Saint-Girons, capitale du Couserans, sis de part et d'autre du Salat et du Lez.

La vallée du Haut Salat

Les granges à pas d'oiseaux de Cominac.

Seix qui a gardé le souvenir de Charlemagne (une légende dit que la mère de l'empereur, la grande Berthe, a laissé ici la marque de son pied dans un rocher) est la clé d'un haut pays, vers Salau et sa chapelle romane plusieurs fois détruite par des inondations. Plusieurs projets de tunnel vers Lérida auraient transformé la vie de la vallée, mais ils sont toujours restés dans les cartons. En prenant la petite route du port d'Aula, on parvient facilement dans des paysages de haute montagne dominés par les hautes falaises du Mont Valier. On peut poursuivre à pied jusqu'à la frontière.

Vers Aulus, une autre vallée se présente, plus pastorale mais toujours environnée de montagnes, celles au nord couvertes de forêts, celles au sud – les soulanes – sur lesquelles on a construit de petits hameaux de granges originales comme à Cominac.

Le village de Seix, au cœur du parc naturel régional des Pyrénées ariégeoises.

L'Ariège, vérités et émotions

On passe à Ercé dont l'histoire est fortement marquée par les ours. Les gens du lieu allaient capturer les petits dans la montagne. Ils étaient faciles à élever jusqu'à 6 mois tels des chats et des chiens. À partir de là, il fallait se méfier, limer leurs griffes. Le dressage était marqué par la cruelle « ferrade » consistant à passer un anneau rougi au feu dans la paroi nasale de la bête qui devenait prisonnière pour la vie. Cette scène attirait de nombreux touristes jusqu'à la fin du XIXe. L'attraction était pleine de hurlements et de fureur. C'est par cette chaîne que l'ours comprenait les tours qu'il devait consentir à faire sous peine de ressentir une violente douleur. Une tension de la main suffisait. Il était prêt ensuite à partir sur les routes de France pour se montrer dans les foires, les fêtes. Cette attraction était très attendue. Le montreur utilisait aussi pour se faire comprendre quelques paroles simples comme « *tralaïtou lala* ». Les cartes postales de l'époque nous montrent ce couple homme-bête et l'on se demande parfois lequel est le plus farouche. On voit souvent des maîtres la plupart du temps barbus et souvent plus petits que leurs bêtes dressées. Cette tradition qui a fait vivre de très nombreuses familles a pris fin avec la Guerre de 1914-1918.

L'église Notre-Dame de la Nativité de Massat, avec son beau clocher octogonal du XVe siècle.

Le village d'Ercé, connu comme étant la « capitale historique des *orsalhers*, les montreurs d'ours des Pyrénées ».

L'Ariège, vérités et émotions

Aulus est agréablement située. Station thermale courue à cause de ses eaux sulfatées, calciques et magnésiennes (et cela depuis l'époque romaine) elle est dans un cirque de hautes montagnes où se loge la station de ski de Guzet-neige. Sur des photos et des cartes postales de 1900, on voit une petite ville active avec ses curistes, ses baigneurs et promeneurs comme à Luchon. On y voit aussi le kiosque à musique traditionnel au milieu de foules paisibles, les hommes en canotier, les femmes en robe longue. Ces curistes et baigneurs vont et viennent le long de l'allée des bains et se rassemblent près des buvettes.

Pour aller à Massat, depuis Saint-Girons, il faut d'abord emprunter la même route que Seix et Aulus, puis aller tout droit en traversant des gorges sombres fort appréciées jadis par les détrousseurs de diligences. La route est laborieusement tracée entre la rivière et la falaise où dégringolent en hiver de grosses stalactites de glace.

Le mont Béas, également appelé La Pique, culmine à 1903 m d'altitude. À ses pieds, l'étang de Lers (1300 m et 7 ha).

Le Courtal-de-Lers, cabane en forme d'ogive, typique de la région d'Auzat.

Massat est véritablement une petite capitale au carrefour de routes superbes (la « route verte » allant vers Foix, La route du col de Port vers Tarascon et celle de l'étang de Lers vers Aulus), dominée par un haut clocher de grès agrémenté, au dernier étage, de gueules de canons décoratives. Foires et fêtes y attirent beaucoup de monde. Du temps de la révolte des Demoiselles, ce fut un centre actif.

Anciens habitants, nouveaux ruraux, promeneurs et amoureux de la montagne se croisent ici allégrement. Une des particularités de Massat, mais aussi de toute l'Ariège, c'est l'omniprésence de sobriquets comme Cabalet, Mandou, Ganchou, Saourat, Moutoune, Bitoulat, Lamic par exemple pour distinguer entre eux tous les Piquemal, tous les Galy, tous les Dedieu, noms de famille très fréquents et prénoms utilisés de multiples fois. On imagine les complications dans les écoles ou sur les listes électorales.

Les Petites Pyrénées

Cet itinéraire plus intime, plus secret fera découvrir de jolis torrents, des paysages bucoliques où paissent ânes et chevaux, des collines boisées et parsemées de fermes aux normes ariégeoises et non européennes. Toutes les saisons ont leur charme dans ces paysages singuliers et paisibles.

Ces Petites Pyrénées naissent avec le château féodal de Roquefort-sur-Garonne, juste au-dessus du fleuve, rejoignent le Plantaurel et plus loin encore les Corbières.

Paysage brumeux des Petites Pyrénées.

Charpente apparente de la halle de Fabas.

Depuis l'autoroute Toulouse - Hendaye au niveau de Martres-Tolosane ou de Salies-du-Salat, il faut prendre la direction de Betchat, petit village sur une crête qui a été l'objet de terribles représailles de la part des SS et de la Milice contre les maquisards bien implantés dans les bois et pouvant contrôler la vallée de la Garonne. Il y a eu 25 morts dans la population. Continuer vers Fabas par de petites vallées où se mêlent les fougères, les chênes, les pins. À Fabas notons une halle pimpante. Sainte-Croix-Volvestre est un joli bourg qui sait mettre en valeur son charme et son relatif isolement.

À Mérigon (dans la direction de Saint-Girons) prenons la direction de Daumazan et l'on voit progressivement les Petites Pyrénées se fondre dans la chaîne du Plantaurel. On quitte l'Ariège à Montbrun-Bocage et son impressionnant château en ruine, pour y revenir un peu plus loin à Daumazan et Sabarat. En l'espace de quelques kilomètres à peine, on a traversé des ambiances très diverses.

Le village de Betchat.

Daumazan-sur-Arize et son église romane, dédiée à saint Sernin.

De Saint-Girons à Foix

La forêt du massif de l'Arize dans le parc naturel régional des Pyrénées ariégeoises.

Paysage du Séronais, territoire situé au cœur d'une nature préservée.

Cette route bien agréable traverse des paysages riants et frais. À Rimont où la triste division SS s'est livrée à un massacre, on peut aller sur les ruines de l'abbaye de Combelongue datant du XIIe dont il ne reste que l'église construite en brique où l'on voit la main des artisans mozarabes d'Aragon. À La Bastide-de-Sérou demeure le souvenir de ce chef de guerre protestant, le marquis d'Audou, qui fit régner la terreur lors des guerres de religion. Le Sérou étant à la limite des territoires à dominante catholique ou protestante.

Le pays garde en mémoire une autre histoire bien plus romanesque, celle de La Tour de Loup, château du XIIIe transformé en ferme au XIXe. Dans ce château en effet, aurait été enfermée la première femme de Gaston 1er comte de Foix-Béarn, répudiée pour stérilité à la demande du roi de France qui voulait la remplacer par sa nièce. Ce qui fut fait mais les gens autour du château s'étaient attachés, comme Gaston 1er lui-même, à la prisonnière très belle et très gentille. Il revenait la voir la nuit et c'est ainsi que naquit Lou. On appela la tour, la tour de Lou puis peu à peu La Tour de Loup, enfin même « La Tour du Loup ».

La route se poursuit vers le col del Bouich, frontière nette des deux composantes départementales, aquitaine et languedocienne. La descente sur Foix offre de très belles vues sur le château.

La bastide de Rimont fondée en 1272 par la volonté du sénéchal Eustache de Beaumarchais agissant au nom du roi Philippe III et de l'Abbé de Combelongue.

La Bastide-de-Sérou et la Tour de Loup (ci-contre).

Voilà, le voyage est terminé, voyage qui ne peut laisser indifférent et qui marque surtout par la beauté des paysages. L'omniprésence de la chaîne lorsque l'on va droit vers elle est une source de plaisir et d'étonnement. Apparemment barrière infranchissable, elle se métamorphose en petits pays secrets et divers, ayant chacun ses mystères, ses légendes et son histoire. Terres de refuge et donc terres d'accueil, le Couserans et le Comté de Foix nous font vagabonder dans un univers à la fois intact et lumineux.

La chapelle Sainte-Croix d'Alzen, perchée sur son éperon rocheux.

Le conte de Jean de l'Ours

d'après « *Les contes des Pyrénées* » de Michel Cosem aux éditions Cairn

Les garçons de ce pays devaient être forts, intelligents, astucieux pour réussir dans la vie. Cela était d'autant plus nécessaire qu'il leur fallait le plus souvent partir sur les chemins, comme colporteur, vagabond. Il n'était pas inutile alors d'avoir du sang d'ours dans les veines. Il fallait apprendre à se méfier du diable et des amis aussi. Ce conte originaire de l'Ariège apprend tout cela.

« Les bûches de hêtre craquaient dans la cheminée. Il faisait très sombre dans la pièce qui sentait la laine des moutons, le bois et la cire d'abeille. Dehors, le vent, après avoir hurlé des heures s'était brusquement apaisé.
– *La neige ne va pas tarder*, dit l'homme.
Son visage taillé au couteau dans du vieux bois fut un instant éclairé. Son regard de rapace s'attendrit un peu.
– *Vous savez*, dit-il d'une petite voix, *jadis on demandait aux garçons de la montagne d'être forts, intelligents, courageux, ambitieux. Il fallait qu'ils soient tout cela pour réussir à la ville. C'est pourquoi, je pense, que l'on a inventé ce conte. Pour faire savoir aux garçons d'où ils viennent et tout ce qu'il leur faudra faire.*

Un long silence s'installa. La montagne attendait la neige. Nous aussi. C'est comme par surprise que l'homme au visage de bois commença cette histoire.

Il y avait dans la montagne une jeune fille qui aimait le printemps. Elle aimait le soleil neuf mais aussi les cerises, les fraises, les fleurs. Un jour, elle s'éloigna du village et s'avança dans la montagne. Derrière un rocher un ours l'observait. Dès qu'il vit que la jeune fille s'était suffisamment éloignée du village, il bondit sur elle et l'emporta dans sa caverne.

Neuf mois plus tard, un garçon naquit. Il avait le visage des humains, mais son corps était tout couvert de poils comme son père. Il s'appela Jean de l'Ours.

Jean de l'Ours grandit très vite car son père lui portait chaque jour de très bonnes choses à manger : les truites qu'il pêchait dans les ruisseaux et les lacs, des champignons qu'il cueillait dans les forêts et les près moussus, des fruits, du gibier.

Mais quand le père ours allait chasser dans la montagne, il faisait bien attention de refermer la porte de la caverne en poussant un très gros caillou.

Le lac de Mondély a été mis en eau en décembre 1980.

La mère de Jean en profitait pour raconter à son fils des histoires. Elle disait que dans la vallée, il y avait des villages, plein de garçons et de filles qui lui ressemblaient, des maisons aux façades blanches et aux fenêtres vertes et bleues.

Jean rêvait à ces garçons et à ces filles qui lui ressemblaient.

Il promit à sa mère que lorsqu'il serait assez fort, il pousserait le gros caillou et qu'ils pourraient ainsi s'enfuir.

Le père ours continuait à porter de la très bonne nourriture. Il jouait le soir avec son fils dans la caverne.

Le temps passait et très vite Jean devint un grand garçon vigoureux et solide.

Un jour que l'ours était allé pêcher des truites, Jean, avec toute sa force poussa le gros caillou. La porte de la caverne s'ouvrit. Jean et sa mère s'enfuirent au pays des hommes.

Le père ours qui était tout en haut de la montagne les vit partir. Il les appela, pleura. Mais il ne put empêcher leur départ définitif.

Quelque temps après, la mère dit à son fils :
– *Au village des hommes, il faut travailler. J'ai un cousin qui est forgeron. Il est d'accord pour te prendre comme apprenti.*

Jean alla chez le forgeron. Comme il était très fort, il fit beaucoup de dégâts, mais bien vite il apprit son métier et le forgeron était content de lui. Cependant, il ne voulut pas le payer disant qu'il était très pauvre et qu'il n'avait pas beaucoup de travail.

Jean de l'Ours fut très mécontent.
– *Je me payerai*, dit-il, *avec tous les morceaux qui sont tombés à terre.*

Le forgeron fut très content de cette solution.

Mais le lendemain il y avait par terre des milliers de petits morceaux de fer. Jean les ramassa. Il se fit une canne de cinq cents kilos et il quitta le forgeron.

Jean de l'Ours avait maintenant envie de découvrir, de parcourir le monde. Il alla dire au revoir à sa mère et il partit sur les chemins.

Bientôt il arriva en bordure d'une forêt. Là, il vit un garçon de son âge qui était en train de couper un chêne. Il allait si rapidement que Jean en fut émerveillé.

– *Je n'ai jamais vu quelqu'un couper un chêne aussi rapidement que toi,* dit-il. *Tu es vraiment très fort. Viens avec moi. On sera deux. On n'aura peur de personne.*

Le garçon, qui s'appelait Coupe-Chêne, accepta. Il partit avec Jean de l'Ours.

Un peu plus loin, ils rencontrèrent un autre garçon qui poussait une colline.

– *Pourquoi pousses-tu cette colline ?* demanda Jean de l'Ours.

– *Elle me gêne pour voir la montagne qui est derrière…*

– *Toi au moins tu es fort ! Comment t'appelles-tu ?*

– *Pousse-Colline.*

– *Pousse-Colline, viens avec nous. On sera trois. On sera très très forts. On n'aura peur de personne…*

Peu après, sur le chemin, Jean de l'Ours, Coupe-Chêne et Pousse-Colline rencontrèrent un autre garçon. Il était aussi grand qu'eux et aussi fort. Il s'appelait Arrête-Cascade, allez savoir pourquoi ! Jean de l'Ours lui demanda de venir avec eux et il accepta.

Les quatre garçons marchèrent plusieurs jours.

Un soir, ils étaient dans une forêt. Ils avaient faim, ils avaient soif. Ils n'avaient pas dormi depuis plusieurs jours. Jean de l'Ours monta tout en haut d'un chêne et vit au loin une toute petite lumière.

Ils se dirigèrent vers elle et à mesure qu'ils avançaient, ils virent un grand château dont la porte était ouverte. La lumière éclairait justement une grande table où se trouvaient des poulets rôtis, des gâteaux, du bon vin.

Jean de l'Ours, Coupe-Chêne, Pousse-Colline et Arrête-Cascade s'installèrent et firent un bon repas.

– *Ce château est bien accueillant,* dit Jean de l'Ours. *Nous allons y rester quelque temps. Dès demain, l'un d'entre-nous restera ici pour faire le ménage et la soupe. À midi, il sonnera la cloche pour que ceux qui seront allés chasser dans les bois reviennent.*

Ce fut Arrête-Cascade qui resta le lendemain. Il fit le ménage, la soupe et alla pour sonner la cloche à midi. Mais à ce moment-là, il entendit un grand bruit dans la cheminée. Il s'approcha et vit tomber un bras, une jambe, un œil, une oreille, des cheveux. Tout cela se reconstitua et apparut un petit homme au regard brillant et aux cheveux frisés.

Ce petit homme avait une pipe entre les dents. Il dit :

– *Allume-moi ma pipe.*

Arrête-Cascade alla chercher une brindille allumée dans la cheminée et se rapprocha de l'homme qui en profita pour lui taper sur la tête et pour l'assommer.

Il ne sonna pas la cloche. Jean de l'Ours, Coupe-Chêne et Pousse-Colline revinrent et l'interrogèrent.

– *Je ne sais pas,* dit-il, *j'ai glissé. Je me suis cogné. J'ai tout oublié.*

Le lendemain, ce fut au tour de Pousse-Colline de rester au château. Il fit le ménage et la soupe et juste au moment où il allait sonner la cloche, il entendit un grand bruit dans la cheminée.

Il vit tomber une jambe, puis deux, un nez, des yeux. Le petit homme se reconstitua et réclama du feu pour sa pipe. Pousse-Colline alla prendre une brindille et il reçut un coup sur la tête qui l'assomma.

Quand ses trois compagnons revinrent, il dit qu'il s'était cogné la tête accidentellement.

Le lendemain, ce fut au tour de Coupe-Chêne et il lui arriva la même mésaventure.

– *Demain,* dit Jean de l'Ours très en colère, *je sonnerai la cloche à midi.*

Ce fut donc son tour de rester au château. Il fit la soupe et le ménage et à midi, il alla pour sonner lorsqu'il entendit un grand bruit dans la cheminée. Il se précipita et vit le petit homme.

– *Allume-moi ma pipe.*

– *Non,* dit Jean de l'Ours, *allume-la toi-même !*

Il se précipita sur le petit homme et ils se battirent. Jean était bien plus fort. C'est lui qui assomma l'homme de la cheminée. Pour qu'il ne s'échappe pas, il posa sur lui sa canne de cinq cents kilos et alla sonner la cloche.

En l'entendant, ses trois compagnons, qui s'étaient dit entre eux la vérité, s'exclamèrent.

– *Jean de l'Ours a bien de la chance. Le petit homme aujourd'hui n'est pas venu.*

Ils revinrent au château. Jean de l'Ours les accueillit fort en colère.

– *Venez voir qui est là, près de la cheminée ?*

Mais justement, à cet instant, le petit homme revint à lui et arriva à s'échapper par un trou dans la cheminée.

– *Il ne perd rien pour attendre, fit Jean de l'Ours. Nous allons déjeuner et après nous partirons à sa recherche.*

Après le repas, ils élargirent le trou de la cheminée et ils arrivèrent devant un puits très profond.

Arrête-Cascade descendit le premier, accroché à une corde. Cependant il demanda à être rapidement remonté. Il n'y avait pas la moindre lumière.

Coupe-Chêne descendit un peu plus profondément, mais il demanda lui aussi à être remonté. Pousse-Colline alla un peu plus loin, mais ne voyant pas le fond du puits, il demanda lui aussi à être remonté.

Jean de l'Ours alla jusqu'au fond. Il arriva dans une grande salle.

Là, il vit une petite lumière. Une vieille femme à la lueur d'une chandelle cherchait des médicaments dans une boîte.

– *Qui es-tu ? Que fais-tu ?* lui demanda Jean de l'Ours.

– *Je suis la femme du diable, je cherche des médicaments pour mon mari. Il est revenu bien amoché…*

Jean de l'Ours se précipita dans la chambre du diable, le sortit du lit et recommença à le battre.

– *Arrête, dit le diable, je vais te dire le secret du château. Dans la salle voisine il y a trois coffres, l'un de pierres précieuses, l'autre d'argent, l'autre d'or. Je te les donne.*

Jean alla prendre les trois coffres et les apporta au fond du puits. Il les accrocha à la corde et demanda à ses trois compagnons de les remonter.

Là, il hésita. le diable lui avait-il tout dit ? Il retourna dans sa chambre, le sortit du lit et recommença à le battre.

– *Arrête,* dit le diable, *je vais te dire le véritable secret du souterrain. Il y a trois princesses enfermées dans la chambre voisine. Tu peux les délivrer.*

Il ajouta dans sa tête : « Et partir avec elles…».

Jean découvrit et délivra les princesses. Il les accrocha à la corde et les fit remonter. Quelle ne fut pas la surprise d'Arrête-Cascade, de Pousse-Colline, de Coupe-Chêne en voyant d'aussi jolies jeunes filles ! Ils eurent envie de se marier avec elles.

– *Nous sommes trois*, pensèrent-ils ensemble. *Il y a trois princesses et trois coffres. Nous*

Le domaine skiable du Chioula.

pouvons partir et laisser Jean de l'Ours au fond du puits.

Ils rejetèrent la corde au fond du puits.

Jean de l'Ours était prisonnier. Il retourna donc voir le diable. Il n'eut pas besoin de le battre.

– *Il y a dans une grande cage de fer, un aigle blanc. Tu peux monter dessus. Il te portera jusqu'à la sortie du puits. Mais surtout n'oublie pas d'emporter un veau car l'aigle en volant a besoin de manger de la viande.*

Jean de l'Ours monta sur le dos de l'aigle blanc. Celui-ci lentement s'éleva. Il mangeait en même temps de la viande, tant et si bien qu'il avait avalé tout le veau avant même d'avoir atteint la surface.

Jean n'hésita pas. Il se coupa un morceau de cuisse et le donna à manger à l'aigle.

Le château était bien entendu désert. Coupe-Chêne, Pousse-Colline et Arrête-Cascade étaient partis depuis longtemps. Il les suivit à la trace et arriva dans un village.

– N'avez-vous pas vu trois garçons, trois princesses et trois coffres ?

– Oui, ils font la fête dans l'auberge.

Jean de l'Ours s'approcha. Arrête-Cascade à la fenêtre le reconnut.

– *Nous sommes perdus,* cria-t-il à ses compagnons, *Jean de l'Ours est là !*

Ils s'enfuirent tous les trois.

Jean libéra à nouveau les trois princesses. L'une d'elle connaissait un merveilleux médicament qui guérissait tout. Elle le lui donna. Comme c'était aussi la plus jolie, il se maria avec elle.

Ils allèrent vivre dans le château et ils y vécurent heureux. »

Table des matières

page 4
Préface

page 6
Avant-propos

page 16
Les portes de l'Ariège

page 38
Le pays d'Olmes

page 70 Foix et
La haute vallée de l'Ariège

page 86
Montségur

page 96 La route
des corniches

page 104
Tarascon

page 110
La vallée de Saurat

page 114 La vallée
de Vicdessos

page 124
Ax-les-Thermes

page 126
Vers le Chioula

page 132
Vers le Donezan

page 140
Vers l'Andorre

page 148
Le Couserans

page 154 La vallée de Biros et de Bellongue

page 162 La vallée de Bethmale

page 174 La vallée du Haut Salat

page 186
Les Petites Pyrénées

page 192
De Saint-Girons à Foix

page 200 Le conte de Jean de l'Ours